JN409103

諷詩調詩集 · 35

풍諷계戒집集 · 2

박진환 제53시집

지성 · 감성의 메타언어
조선문학시인선 · 371

諷詩調詩集 · 35

풍諷계戒집集 · 2

조선문학사

■ 책머리에

풍시조(諷詩調)는 시조(時調)가 아닌, 자수율에서도, 율박에서도 전혀 자유로운 3행을 외형으로 한 순수자유시다.

2014년 初夏

박 진 환

박진환 제53시집 / 諷詩調詩集 · 35

풍諷계戒집集 · 2

차례

4대강

4대강 맑은물 적조에 썩고, 썩어 풍기느니 구린내까지
금생여수라 했던가, 허나 어쩐다, 썩은 물에 검은 황금뿐이니
해서 하는말, 대운하 수장한 死大江이냐? 사몽으로 끝난 私大江이냐?

뺑은 뺑으로 끝나거든

2자 회담, 3자 회담, 5자 회담, 부풀었던 기대 꺼져가고
남북은 럭키세븐 접었던 기대 부풀어 오르고, 부풀고 꺼지고
풍선바람이 그래, 다행한 건 뺑소리 안난 것, 뺑은 뺑으로 끝나거든

오기 싸움이어서

국민 반 이상이 개성공단 유지 희망
희망을 갖고 기대한다는 것이 아름답지 않은가
헌데 2자 회담, 3자 회담, 5자 회담은 오기 싸움이어서

유혈복지혁명 아니던가

복지재원 충당위해 세 증가 불가피
복지는 좋다마는 혈세는 아니어서 헛갈려
혈세로 복지 실현, 결과는 유혈복지혁명 아니던가

죽기는 매한가지

중세정책 두고 세금폭탄이라던데 폭탄 터지면 어쩌지
옛분들 이를 두고 준민고택이라 했던데
죽기는 매한가지 터져 죽으나 힘 빠져 죽으나

※ 준민고택(浚民膏澤) : 세금을 몹시 착취하여 백성의 힘을 다하게 함.

짐승 못 면하고 있는데

자라기가 무섭게 턱수염 면도질하고, 머리털·손·발톱 깎아낸다
짐승스럽게 안 보여서 좋고 더 인간답게 보여서 좋기 때문이다
허면 뭘 하나, 깎을수록 웃자란 양심의 털은 짐승 못 면하고 사는데

내자한테 미안하다

내자는 아침마다 "오늘의 패션" 하며 갈아입을 옷을 내놓는다
남편 체면보다 늙은 남편 관리차원이 분명하다
날마다 갈아입어도 달리 봐주는 이 없으니 내자한테 미안하다

용서하는 것이

8 · 15 특별사면 대통령 특권 행사하지 않는다던데
원칙주의냐? 만사무석이냐? 잣대에 따라 해석 다를 수도
바이블엔 허물을 용서하는 것이 자기의 영광이라 했던데

※ 만사무석(萬死無惜) : 죄가 무거워 조금도 용서할 여지가 없음.

이레 굶는 꼴이나 안 될는지

행복기금, 복지기금 등 공약사업기금 죄다 중세로 충당할 판

복상 가렴주구 되면 혈세 되고 혈세 못 면하면 백성들 기진해

혹여 생일날 잘 먹으려고 이레 굶는 꼴이나 안 될는지

4대강 바보

4대강 보보보보, 보자로 놀아 봐, 봐보 바보 바보 바보 되지
돈으로 둑 쌓아올려 보에 물 가둬놨으니 물도 동티나지
맑았던 강물 녹조로 썩어 동취까지, 바보 바보 바보 4대강 바보

왕의란

패션정치란 귀엔 설지만 낯엔 익은 말
옛 왕조의 패션은 권룡의 무늬 금실로 수놓은 한 벌의 곤복
누더기옷 덕행 위해 몸에 어울릴 땐 왕의란 캠블 말 생각나서

※ 캠블(camphor Thomas) : 스코틀랜드 시인.

행복·복지 될지

증세다, 아니다, 서로 목소리 달리하니 불협화음
엇박자 불협화음으로 못 면하는 소음
쳐봤자 소음으로 시끄러울뿐, 그래가지고 행복·복지 될지

검은 사람들도 밝혀졌을까

야당 촛불집회에 얼마나 참여했느냐를 보는 것은 정치적 시각
밝힌 촛불에 얼마큼 어둠 밝혀지고 물러섰느냐는 양심의 시각
초는 몸을 태워 사람을 밝힌다던데 검은 사람들도 밝혀졌을까

악수지

증세 없다는 선거공약 空約 못 면하자 최면술이라고 비판
아니지, 눈 뻔히 뜨고 당하니 최면술은 아니지
허면 무슨술일까? 술술 풀리는 길수 아닌, 술술 꼬여감기는 악수지

그림의 떡 될 밖에

세금폭탄 터졌다 하면 상처 못 면해
상처로 끝나면 좋게, 그러다 불구 못 면해
불구 못 면하면 복지·행복이 무슨 소용, 다 그림의 떡 될 밖에

헐어버려

4대강 녹조 원인 두고 두 부처 실랑이던데
이유야 어떻건 물 살리려면 특단의 조처 불가피
그게 뭘까? 정치도, 기술도 아닌 상식이면 돼, 헐어버려

일삼음이 현실이니 증세 때문인 게야

세계의 나랏님들 공식, 증세정책 버리고 감세정책 써 봐
종신 나랏님 돼 국궁국궁 국민들 존경 한 몸에 받지, 헌데
꼿꼿이 허리 펴고 삿대질 일삼음이 현실이니 증세 때문인 게야

※ 국궁국궁(鞠躬鞠躬) : 존경의 뜻을 표하며 몸을 굽힘.

누수

여 : 증세 아니다, 국민 : 증세다, 야 : 세금폭탄이다

허면, 정답은 무엇일까?

세세세 벌써부터 새어나가는 세금 아닌 정권 누수

작문정치

창조경제 민주경제 구호는 좋다마는 돈이 있어야
행복기금 복지기금 말은 좋다마는 돈이 있어야
돈 없이 할 수 있는 것도 있긴 있지, 작문정치

헛거지

전력수급위기 원전비리가 원인인데 대책은 국민 혈세에 의존

혈세로 전력 사들여 놓고 그도 부족해 국민희생 강요까지

발등의 불 껐다고 진화되나, 부정 불씨 도려내지 않으면 헛거지

달리 나왔겠나

그리 화급했나, 증세 철회 하룻만에 수정안 내놓게
당초 짜놓고 치는 고스톱 아닐까? 아니고서야 어찌 떡주무르듯 할수가
가렴주구란 옛분들 말씀 달리 나왔겠나

터지기 마련

세세세 손뼉치기 유희가 아니고
세세세 세금 타령만도 아니고
세세세 누수현상 못 막으면 혈세 물꼬 터지기 마련

MB 시멘트 보로도 못 막는

세세 무슨 세, 복지세 · 행복세, 혈세 · 탈세
귀는 성한데 눈이 멀었구먼, 세세세는 물 빠져나가는 소리거든
눈 떠보면 보여, 재촉하는 누수현상, MB 시멘트 보로도 못 막는

악의 혈통이구나

원전원장, 원전비리, 원자돌림 항렬에 비리혈통도 일치
이런 찰떡궁합 말고도 원죄 · 원수 · 원흉 · 원괴도 악마적 혈통
그렇구나, 원자 돌림이란 게 악의 혈통이구나

하하하

旱魃旱魃 내디딜수록 다가가는 연옥

연옥에 가까워질수록 앓는 염병앓이

夏! 뜨거워 미치겠다 감탄사 대신 내지르는 夏 夏 夏

왕도 걸을 수 있어

부처 잘못만 꾸짖을 게 아니라 나랏님 스스로도 책임질 줄 알아야
선량한 군주는 백성들의 공복이라 하지 않던가
군림보다 먼저 군주의 도 좇아야 외외탕탕 왕도 걸을 수 있어

※ 외외탕탕(巍嵬蕩蕩) : 높고 높음, 즉 왕도의 높고 큼을 일컫는 말.

겨울로 건너뛰거든

맴맴맴 날마다 早魃早魃 한 눈금씩 더디 물러서도
갈갈갈 날마다 早魃早魃 한 눈금씩 더디 뒤로하고 다가가면
계절도 갈 길 바쁜 행보 빨리해 겨울로 건너뛰거든

높낮이 분간 못해서

일 아베 兒輩수장인가 兒少 무리 거느린 두목인가
아베노믹스 약발 좀 선다고 목에 힘줘 소리 높이던데
높일수록 낮아지는 지지율, 그걸 알아야 하는데 높낮이 분간 못해서

빈축사기 일쑤인데

겸양·겸손이란 게 옛 덕목된지 이미 오래
지금은 남이 세운 공도 끌어다 용대기 내밀듯 자랑하는 시대
자랑 끝에 불붙는다고 안함만도 못한 자랑은 빈축사기 일쑤인데

※ 용대기(龍大旗) : 사소한 재주나 자랑거리를 기회 있을 때마다 내세워 자랑을 일삼는 것에 비유한 말로 '용대기 내밀듯'이란 우리 속담이 있다.

상한 속 편하게 해서

한국 어린이 행복지수 OECD국가 중 최하위
걱정마, 최하위가 있으면 최상위도 있는 법
법이라도 믿어보는 것이 상한 속 편하게 해서

등외품만도 못해서

의료지출 증가폭 OECD국 중 코리아가 최고
최하위도 있지, 어린이 행복지수
최고 · 최하위가 둘 다 등외품만도 못해서

칼은 칼로 망한다는 명언

아베 극우칼춤 일본 제일의 검객 사무라이 솜씨
솜씨는 좋다마는 그러다 사람 상할라
사람 상한건 좋지만 칼은 칼로써 망한다는 명언 알고나 있는지

거지같이

국회 국정원 청문회 증인 선서 거부
거자돌림에 거짓, 거지도 있지
거부는 곧 거짓과 통하고, 거짓은 또 뭣과 통하더라, 거지같이

거지는 세금 안 내거든

여론조사 때마다 스스로를 중산층이라고 목에 힘주던 코리언
중산층 대상으로 증세 운운하자 스스로 중하위층으로 강등자청
세금 안내는 방법 딱 하나 있지, 뭐냐고? 거지는 세금 안 내거든

밑그림일 뿐

공약이 잘못된 것 없어, 더 잘하고 싶어서 내세운 거니까
돈이 없어서 그렇지, 돈만 있어봐, 행복·복지 다 할 수 있어
문제는 돈 없이는 아무리 좋은 공약도 작문정치 밑그림일 뿐

식후경일 밖에

아무리 좋은 정책이라도 국민 호응 없이는 실현불가

실현불가 거꾸로 해봐, 가불현실

가불현실 못면해 주머니 비어 있으면 복지도 행복도 식후경일밖에

꼴값한 셈

국정원 국회청문회 껍데기 청문회라고 국민들 대실망
증인선서도 못 받아낼 바엔 뭣하러 증인 불러 세워
괜스리 껍데기 청문회 열었다가 국회 꼴만 꼴값한 셈

약속으로 되는 것이 아니어서

나라 살림 형편에 따라 공약은 미룰 수도 유보할 수도
포기할 수도 있는 법, 한발짝 물러서는 것도 지혜
미생지신도 좋지만 정치란 약속으로만 되는 것이 아니어서

※ 미생지신(尾生之信) : 우직하게 약속만 굳게 지킨다는 뜻으로 쓰인 사기(史記)에 나오는 말.

무엇이 다르겠는가

행복·복지정책에 맞춰 돈 거둬들이지 말고

돈에 맞춰 정책 수립해야 실현가능

정책만 세워놓고 돈 없으면 그림의 떡과 무엇이 다르겠는가

사나운 개판이란 뜻 아니던가

어느 뇌과학자 왈 권력자 뇌 속엔 사나운 개가 산다던데
다행이네, 미친 개 아닌 사나운 개여서
본디 권력이란 게 이전투구, 사나운 개판이란 뜻 아니던가

땀 좀 식히자

땡볕 쏟아지는 염병앓이 심한 날엔 바람도 비싸게 군다
개똥도 약에 쓰려면 없다더니 두문불출 찾아볼 수가 없다
비싸게 굴것이 따로 있지, 광풍·겁풍도 좋으니 불어 땀 좀 식히자

※ 겁풍(劫風) : 불교에서 세계가 파멸될 때 일어난다는 큰바람.

무너지기 마련이었거든

행복이고 복지고 창조고 예산에 맞춰 정책 수립해야지
정책에 맞춰 예산 수립하자니 증세 불가피할밖에
전례에 따르면 증세 강행한 정권 차기엔 무너지기 마련이었거든

쌍칼에 피 안 흘릴지

일 구축함 진수시켜 놓고 호위함 띄웠다고 망언에 거짓말까지
그뿐이면 좋게, 칼날 시퍼렇게 세운 극우칼춤까지
잘 논다마는 망언 · 거짓말 뱉는 혀도 칼, 쌍칼에 피 안 흘릴지

월세업자로 살아간다

집은 간섭 · 구속이 없는 안락경, 소유 · 방어의 공간이다
집은 왕국이고 성곽이며 제마다 제집에선 왕이고 성주다
헌데 요즘은 왕도 성주도 아닌 갈루이상 월세업자로 살아간다

※ 갈루이상(葛屢履霜) : 여름에 신은 갈구신을 겨울에도 신는다 함이니 너무 인색함을 뜻함.

알 것 같네

국정원 댓글사건 국회청문회로도 규명 실패
증인선서도 거부할 만큼 아무도 손 못 대는, 쎄긴 쎄구나
나랏님 "국정원 스스로 알아서 개혁" 하란 말씀 알 것 같네

다 해버려설까?

책임장관제란 각 부처의 일을 장관의 책임하에 수행한단 뜻일 터

헌데 이름도 얼굴도 모르는 장관이 수두룩, 책임질 일 없어설까?

아니면 더 높은 분이 장관 몫까지 다 해버려설까?

정치풍토여서

새누리당, 야당은 이제 잡은 발목 놓고 손목 잡으라고
손 맞잡고, 손뼉 같이 치면 그 아니 좋겠나만
잡은 손 뿌리치고 돌아서는 여반장이 정치풍토여서

※ 여반장(如反掌) : 손바닥을 뒤집은 것과 같이 썩 쉽다는 뜻.

망국지병

속이고도 얼굴 안 붉히고 속고도 얼굴색 안 변하니
하도 속고만 살아선지 안 속으면 되레 이상해
속이고 속는 것 둘 다 망국지병인데 정치가들이 더 즐겨서

최하의 것만도 못한 것이 으뜸이어서

북녘은 악명높은 핵으로 세계 으뜸, 남녘은 결핵으로 OECD국중 으뜸
으뜸은 최하의 상태에서 생긴다던데
남북 공히 최하의 것만도 못한 것이 으뜸이어서

만사무석 못 면하지

일본 원전 방사능 태평양으로 흘려보낸다던데
핵실험은 점잖은 편, 내놓고 핵 터뜨리는 범죄 아닌가
그러고도 얼굴 붉힐 줄 모르면 만사무석 못 면하지

※ 만사무석(萬死無惜) : 죄가 무거워 조금도 용서할 여지가 없다는 뜻.

정치보에 갇힌 귀·입도 있어서

귀는 열되 입은 봉하라, 사옹의 말씀이다
듣긴하되 말은 삼가란 뜻인데 입도 귀도 닫아버렸으니 보 쌓은 격
4대강에만 보 있는 줄 알았더니 정치보에 갇힌 귀·입도 있어서

재미 짱, 드릴 짱 아니던가

축구·야구·농구 구경이 재밌다고? 깐건 아무것도 아냐
진짜 재미있는 건 여·야가 벌이는 이전투구 정치판
공짜 구경에 흥미진진이면 재미 짱, 드릴 짱 아니던가

어쩐다

남북대화 물꼬는 트였는데 거꾸로 여의도 물꼬는 보에 막혀
4대강 보로 막힌 물 탓했더니 웬걸 여의도에 정치보가 생기다니
일의대수 못 면한 여야 물꼬, 그나마 보에 막혔으니 어쩐다

※ 일의대수(一衣帶水) : 물줄기가 가는 냇물.

정도행 좇으면 그뿐인 것을

주저하며 다가오는 미래, 살처럼 날아가 버리는 현재
영원히 정지된 과거, 오건 가건 정지되건 무슨 대수냐
헛발질, 부끄러움 없이 묵묵히 내딛는 정도행 좇으면 그뿐인 것을

다르지 않아서

복지고 행복이고 미래고 창조고 돈 없으면 그림의 떡
정치란 그림으로 그려 놓고 즐기는 감상용이 아니라 실현해야
그림의 떡이나 정책만 나열한 作文政治가 다르지 않아서

동추서대 못 면하고 사는데

출근하면 제일 먼저 눈에 띄는 게 대출안내 FAX다
사람을 뭘로 보고 빚쟁이가 되라고 유혹하는 것인지
안 그래도 국가며 백성들 죄다 동추서대 못 면하고 사는데

※ 동추서대(東推西貸) : 여러 곳에 빚을 짐.

전례가 그랬어

박근혜 정부 6개월 평가 잘한다가 64% 넘어
모든 정권 처음엔 다 그랬어, 70% 넘기도 했어
헌데 임기 말에 이르면 그 반으로 곤두박질, 전례가 그랬어

우는 아닐지

집권 6개월이면 이제부터 시작인데 결과도 없이 평가라니
잘잘못 평가보다 의견 정도 묻는 게 순서일 듯
시작을 가지고 평가라니 금값도 모르면서 싸다* 하는 愚는 아닐지

※ 내용도 모르면서 경솔하게 평가한다는 우리 속담.

못 면할 판

박근혜 정권 출발부터 속임수 썼다는 어느 신문사설
애초 복지도 행복도 허구란 걸 알면서 공약했다니
속임수도 죄, 속고 삶도 죄, 둘 다 만사무석 못 면할 판

※ 만사무석(萬死無惜) : 죄가 너무 무거워서 만 번을 죽는다 하여도 애석해 하지 않는다는 뜻.

다 길수 3이거든

2자 회담, 3자 회담, 5자 회담, 회담보다 숫자에 더 관심
수가 무슨 대수라고, 소수도 있고 대수도 있는 법이긴 하지만
그중 3자 회담 길수일 듯, 3·1절, 33인, 3천리는 다 길수 3이거든

개똥만도 못한 것이어서

K-Pop은 뜨거운 열기 韓流로 세계를 파도치게 하는데
한국정치 寒流는 꽁꽁 얼어붙은 三冬
둘 다 한류는 한류다만 뒤엣것은 개똥만도 못한 것이어서

다를 게 없는 것이거든

박근혜 정부 출범 6개월 평가 여는 긍정, 야는 부정
언제나 답이 둘인 정치교과서 공식 아니던가
평가라는 게 군맹무상과 다를 게 없는 것이거든

※ 군맹무상(群盲撫象) : 모든 사물을 자기의 좁은 소견과 주관으로 그릇 판단함을 이르는 말.

맥 못 춘다는 뜻

양건 감사원장 외압에 한계 느껴 사퇴했다고?
옛 분들 달리 새 술은 새 부대에 담는다 했겠냐
외압이란 정치바람, 한계란 새누리당 인맥으론 맥 못 춘다는 뜻

꼬레아지

국회 국정논의 뒤로 하고 여・야 막말 감정싸움만
기싸움도 꼴불견인데 감정싸움까지, 꼴에 꼴값하는 꼴
허니 꼴에, 꼬레, 꼬레아지

옛분들 말도 있거든

침묵 두고 금설폐구니 달팽이 뚜껑 덮는다느니 해쌌던데
청와대 침묵 맹공하는 야당들, 하난 알고 둘은 모르는 건 아닌지
침묵은 참된 지혜의 최상의 응답이란 옛분들 말도 있거든

※ 금설폐구(金舌蔽口) : 금으로 혀를 만들어 입을 가린다 함이니 입을 꼭 다물고 말을 하지 않는다는 순자(荀子)의 말.

죄다 허리 굽은 노인들이어서

한국 노인증가수 OECD국가 중 최고
살만한 세상 때문일까? 질긴 목숨 때문일까? 경로복지 때문일까?
헌데 큰길 폐품수집 리어카 군단 죄다 허리 굽은 노인들이어서

잡담이 아니거든

2자 회담, 5자 회담, 사람 많으면 입 많고 입 많으면 말만 많아
두 사람도 손뼉 칠일 없는데 다섯 사람 박수 아닌 삿대질 안 할지
요란함은 조용함만 못해, 영수회담이란 게 잡담이 아니거든

좇지 않을 수 없음이 아니던가

애초엔 나랏님 "국정원 스스로가 개혁하라" 했다가
개혁여론 높아지자 "반드시 내가 개혁하겠다"로 바뀌어
나랏님도 여세추이를 좇지 않을 수 없음이 아니던가

※ 여세추이(與世推移) : 세상의 변함을 따라 함께 변함.

전례여서

거리엔 국정원 해체 피켓 나돌고, 국정원은 내란음모 적발하고
어느 장단에 춤을 추어야 할지 어리둥절한 국민들
모르겠다, 내란음모죄란 게 정치꼼수와 맞물린 게 전례여서

갸우뚱대는 고갯짓들

내란음모다, 유신이다, 잊혀진지 오랜 악몽 주어 되살아난 요즘
유신 때 내란음모죄, 후일 대부분 무죄로 밝혀져서일까?
끄떡 아닌 설마로 갸우뚱대는 고갯짓들

격화소양

국가 내란음모죄, 오랜만에 들어보는 뉴스, 귀 솔깃한 옛날의 향수
군사정권 · 유신시대 전매특허품 간첩 · 내란음모 아직 유효하다니
따져 뭣하랴만 적화 잡으려다 적화 아닌 격화소양 안 될지

※ 격화소양(隔靴搔癢) : 신을 신고 가려운 발바닥을 긁는다 함이니
마음으로 애써 하려하나 실제 효과는 얻지 못한다는 뜻.

되레 음모라고

용공·종북 개념으로 알았던 세력 내란음모라니
그것도 총으로 제압하는 무장 차원의 실력행사로 알려진
국정원 음모설에 정작 당사자들은 되레 국정원 음모라고

이 땅의 정신풍토가

채색부정이라 했던가, 동양의 아일랜드인이라 했던가
셋만 모였다 하면 삿대질에 싸움판이라 그럴 만도
허긴 이 땅의 정신풍토가 사랑보다 미움 · 증오 · 앞세우기 좋아해서

※ 채색부정(采色不定) : 풍채나 안색이 일정하지 않다는 뜻으로서 희로를 억누르지 못하고 잘 나타낸다는 장자의 말.

뻔할 뻔자 부달시변

국사 논하는데 수가 어떻고, 격이 어떻고 꼭 그래야만 하는건가?
논해야 할 정치 뒷전이고 서로 고집만 앞세우니
회담 해봤자 결과는 뻔할 뻔자 부달시변

※ 부달시변(不達時變 : 완고하여 변동이 없음.

헷갈려

편두통 약 설명서를 읽었더니 낫는 약효보다 더 많은 부작용
약능살인이요 병불능살인이란 옛 분들 말씀 허사 아닌 것 같다
병주고 약주는지, 약주고 병주는지, 세상도 이와 같아서 헷갈려

※ 약능살인_병불능살인(藥能殺人_病不能殺人) : 약은 능히 사람을 죽여도 병은 사람을 죽이지 못함이니 약을 잘못 써서 사람을 죽게 하는 경우도 많다는 말.

약보다 효험이 크거든

무병만큼은 못하지만 유병도 약 못지않은 치료역할을 한다
말도 안되는 유병장수, 무병급사란 말, 말이 돼도 훌륭히 되거든
건강 자만보다 꼼꼼한 관심의 병 체크가 약보다 효험이 크거든

문제여서

내란음모죄 사실이면 국민이 문제, 사실이 아니면 국가가 문제
사실이어도 문제 아니어도 문제, 문제 있으면 답도 있는 법인데
답이란게 전례대로라면 답은커녕 문제만 보태는 문제여서

피 흘리기 마련이어서

내란음모죄 전례 보면 당시엔 유죄, 후일엔 무죄
같은 죄목이 어찌하여 시대 따라 판결 달리 둔갑하는 것일까
어느 시대에고 정치엔 희생양이 피 흘리기 마련이어서

??

음모는 상류계급이나 왕과 간신들에 의해 계획된다※ 던데
성공하면 정당성을, 실패하면 모반 못면해
음모 · 모반 모르는 하류것들 관심은 불궤지심 유죄일까? 무죄일까?에

※ 마키아벨리의 말.

※ 불궤지심(不軌之心) : 모반을 꾀하는 마음.

힘인 것을

G20 러시아 정상회담 오바마 체면용 시리아 폭격
패권주의가 내세울 수 있는 게 힘밖엔 없겠지만
진정한 힘은 무기가 아닌 무기를 넘어서는 힘인 것을

오바마만 열없고 외롭겠네

시리아 제재 중·소는 아예 반대, 나토·독일·영국도 뒷걸음
거기다 프랑스까지 꽁무니 뺄 기미
패권인지? 오기인지? 평화수호인지? 오바마만 열없고 외롭겠네

외톨이 되겠네

미・영・불 지금까지 해냈던 세계자유수호군단 역할
시리아 공격 앞두고 판이 깨졌나, 이해가 엇갈렸나
웅창자화 밀월 즐기더니 우군 없는 오바마만 외톨이 되겠네

※ 웅창자화(雄唱雌和) : 새의 암수가 의좋게 화합함이니 무슨 일이든 서로 손이 맞아 잘되는 것에 비유한 말.

부끄러워할 줄 알아야

무식하다는 것은 나쁜 지혜를 배우지 않았다 함이니 순수하단 뜻
거꾸로 유식하다는 것은 나쁜 지혜를 배웠다 함이니 오염됐단 뜻
유식할수록 병든 지혜, 성한 무식의 지혜 앞에 부끄러워할 줄 알아야

그뿐인 것을

등산복 기능·가격 어쩌고저쩌고 뉴스 장식하던데
그게 어쨌다고, 짝퉁이건, 길표건 폼만 내면 그만
산행도 이젠 패션, 울긋불긋 제멋에 취하면 그뿐인 것을

희생

알로카시아 한 분이 사무실을 지키며 벗이 되어준다
창조주의 생명경영, 새 잎이 나면 맨 먼저 잎이 스스로를 꺾는다
새 생명을 위해 꽃이 아니면서 꽃보다 아름다운 잎의 희생

기르고 있거든

염색을 할 때마다 내자는 "왜 유달리 머리가 잘 자라난다"
머리만이 아니지, 손톱·발톱도 매한가지 짐승스러워서 그래
그뿐이면 좋게, 마음에 사나운 짐승 한 마리도 기르고 있거든

웃기지 말 것이

마른 가을바람에도 동굴의 눅눅한 곰팡내는 가시지 않는다
내객마다 코를 벌름대며 우거지 상판대기다
웃기지 말 것이 세상의 부정 · 부패의 곰팡내는 맡을 줄도 모르면서

다르지 않음인 것을

유독 손톱·발톱·머리털 같은 자연성이 잘 자란다
참으로 짐승스런 불원금수와 같음이 아니던가
허긴 사람의 도리를 잊고 사니 금수와 다르지 않음인 것을

※ 불원금수(不遠禽獸) : 금수와 같음.

결핵 수준 넘었을 것

종북 · 친북 · 찬북, 사실이라면 망국병, 허구로 드러나도 망국병
전쟁보다 더 무서운 음모란 창궐하는 악성 병균
보균자 그리 많다니 OECD 통계 있었다면 최고인 결핵 수준 넘었을 것

좌우 결정해서

픽션이냐? 넌픽션이냐? 서로 주장 다르나 3류 소설은 아닌 듯
시나리오 잘만 손보면 첩보물론 대박감인 음모설
문제는 진실이냐? 허구냐? 감독의 판단 아닌 연출력이 좌우 결정해서

빛이 될지? 어둠이 될지?

촛불은 어둠을 밝히기도 하지만 거센 바람엔 꺼지기도

진실의 심지 지녔다면 꺼져도 탈 수 있는 마음의 등불

음모 밝혀주는 진실의 빛이 될지? 촛불론 밝힐수 없는 어둠이 될지?

시리아 아닌 코리아

시리아 화학무기 사린, 우리말에도 비슷한 살인이란 말 있지
사린이건 살인이건 사람 죽이면 그게 그거 아닌가
화학무기 사린 안 쓰고도 살인 일삼는 시리아 아닌 코리아

하늘의 뜻이어서

일본 지진 쓰나미에 방사선 누출, 토네이도까지
겹치기 재앙, 하늘도 망언 알아듣거든, 꾸짖어 벌한 게야
꼬리에 꼬리 무는 재앙, 재앙이란 게 하늘의 뜻이어서

사고 · 고사 맞물렸거든

코레일 연례행사처럼 잦은 사고
사고 막으려면 고사라도 지내야 할판
연미지액도 재앙이니 액땜용 고사 어떨지, 사고 · 고사 맞물렸거든

※ 연미지액(燃眉之厄) : 갑자기 생긴 뜻밖의 사고

욕망의 녹내장에 걸려서

가을들어 하늘이 높아지고 청산도 키가 두어지쯤 자랐다
여름의 안질이 걷힌 개안 때문일까? 구름 걷힌 청명 때문일까?
헌데 열린 눈들, 하늘 외면, 열매만 눈독들인 욕망의 녹내장에 걸려서

더 많아서

서울 도심에 나타나는 잦은 멧돼지떼
허긴 빌딩 숲도 콘크리트 숲이 아니던가
문제는 콘크리트 숲에 사는 멧돼지만도 못한 짐승들이 더 많아서

각로청수

고실고실한 청량감과 함께 마음의 누기도 가셨는지 가뿐함
먼 하늘 먼 청산도 눈으로 당겨 앞에 하고
눈요기로 취해보는 각로청수

※ 각로청수(刻露清秀) : 맑고 아름다운 가을의 경치.

날개 꺾였나? 돋아나지도 않았나?

한국경제 성장률 세계 189개국 중 171위로 60단계 추락에
국가경쟁력도 148개국 중 25위로 6단계 추락에 추락
비상의 꿈 창조경제 · 민주경제 날개 꺾였나? 돋아나지도 않았나?

역사의 페이지엔

MB 잦은 각국 나들이 지구촌 몇 바퀴를 돌고도 남아
헌데 꼭 가야 했고 갔어야 했던 한나절 거리 평양은 못 갔으니
정치행보 헛발질이었나? 道路가 徒勞가 됐나? 역사의 페이지엔?

추락곡선 그릴 수밖에

경제성장률, 국가경쟁력, 죄다 추락에 추락
OECD국 중 자살률 최고 이유 있었네
창조경제도 민주경제도 모우미성이니, 하향 추락곡선 그릴 수밖에

※ 모우미성(毛羽未成) : 아직 날개가 자라지 못했다 함이니 어리거나 모자란다는 뜻.

•

박진환 시인은 전남 해남 출신으로 동국대 국문학과를 거쳐 중앙대 대학원을 졸업(문학박사)했다. 1960년 동아일보 신춘문예(詩)・1963년 自由文學(문학평론)으로 문단에 데뷔했고, 국제PEN한국본부 사무국장 및 이사, 한국문협 고문을 역임했다. 제9회 시문학상, 제3회 비평문학상, 펜문학상, 윤동주문학상 등을 수상했고, 한서대학교 교수 및 예술대학원장을 역임했으며 현재 월간『조선문학』발행인 겸 주간으로 있다. 중요 저서로는 시집에『귀로』,『사랑법』,『꽃시집』,『三行詩抄』Ⅰ~Ⅺ『諷詩調』,『박진환시전집』Ⅰ・Ⅱ・Ⅲ・Ⅳ・Ⅴ・Ⅵ・Ⅶ,『物神時代』Ⅰ・Ⅱ・Ⅲ・Ⅳ・Ⅴ,『동굴일지』Ⅰ・Ⅱ・Ⅲ・Ⅳ・Ⅴ,『2012년 8월』에서『2013년 7월』까지,『풍계집・1』에서『풍계집・25』까지 76권의 시집이 있고 평론집으로『한국현대시인론』,『현대시론』,『21C시학과 시법』등 다수와『한국시의 공간구조연구』,『21C 시학』,『시창작론』,『諷詩調詩學』외 다수의 역저가 있다.

•

조선문학시인선 371

諷詩調詩集・35

풍諷계戒집集・2

2014년 8월 20일 인쇄
2014년 8월 30일 발행

지은이 / 박진환
발행인 / 박진환
펴낸곳 / 조선문학사
등록번호 / 1-2733
주소 / 120-853 서울 서대문구 통일로 389(홍제동)
전화 / 02-730-2255
팩스 / 02-723-9373

ISBN 978-89-98115-61-6

정가 10,000원